Dieses Buch gehört:

Ekaterina Nemeshaeva

Basteln, staunen

und entdecken

Bunter Bastelspaß für Kinder ab 3 Jahren

Inhaltsverzeichnis

Buntes aus der Bastelkiste

Hier sind ganz einfache, aber raffinierte Ideen versammelt für Materialien, die du alle in deiner Bastelkiste oder im Haushalt findest: Papier, Pompons, Wäscheklammern, Perlen, Knete und Bastelstäbchen.

Daraus entstehen witzige Männchen für Grußkarten, schöne Bilder, lustige Skulpturen und vieles mehr. Immer, wenn du ein Geschenk brauchst, wirst du hier ganz sicher fündig!

Herzige Akrobaten

Das brauchst du:

Tonpapier für das Herz ✱ Fotokarton als Unterlage ✱ Filzstift in Schwarz ✱ Wackelaugen ✱ Schere ✱ Klebstoff

▼ Fange mit den Armen und Beinen des Herzmännchens an und schneide dafür vier Streifen zu. Hier sind sie etwa 4 cm lang. Je größer das Herz ist, desto breiter und länger sind die Streifen.

▶ Nun schneidest du die Herzen nach der Vorlage auf Seite 78 zu, ein großes und vier kleine. Lege dafür die Schablonen auf das Tonpapier, umfahre sie mit einem Bleistift und schneide die Herzen aus.

◀ Ordne die Papierstreifen wie auf dem Foto an und setze zur Probe das große Herz auf. Es sollte die Enden überdecken.

▼ Klebe jetzt die kleinen Herzen an die Arme und Beine.

▲ In die Mitte klebst du das große Herz.

▲ Nun fehlt nur noch das Gesicht! Die Augen sind aufgeklebt, Den Mund malst du mit einem Filzstift auf.

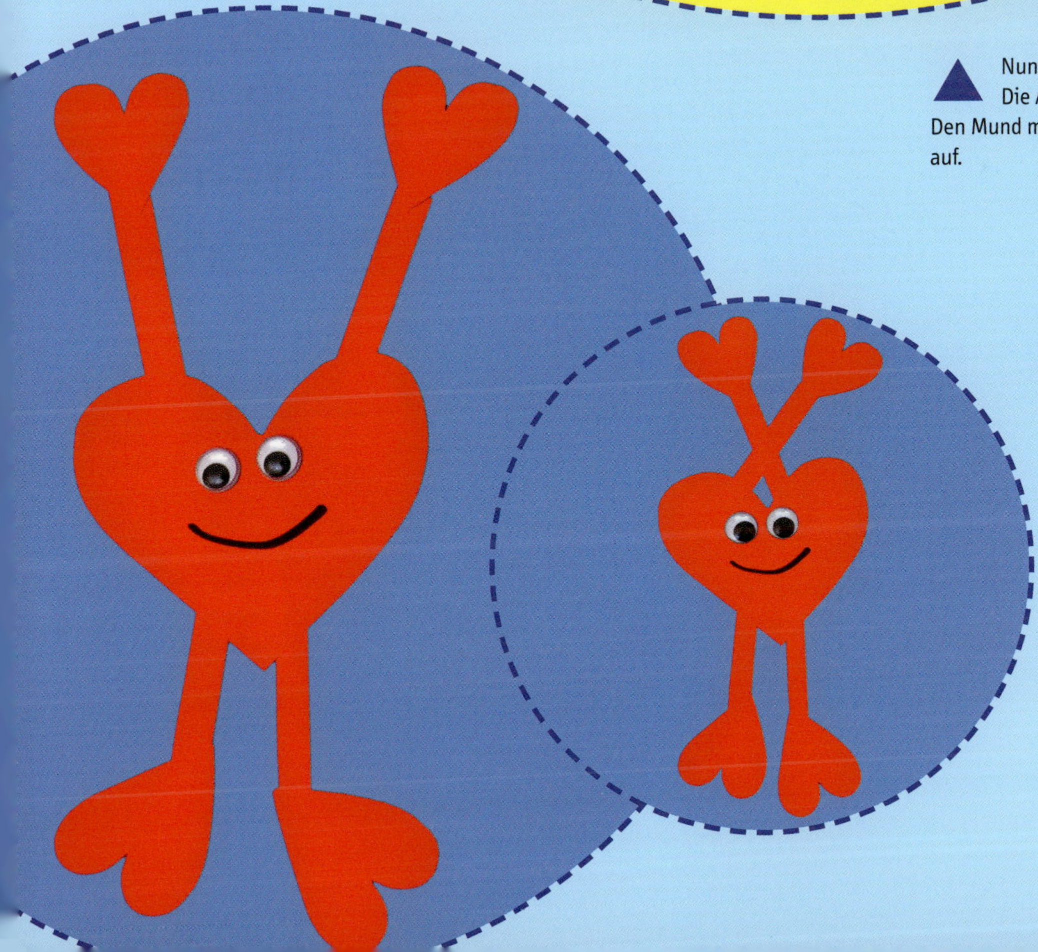

Lieber Gruß

Je nachdem, wie du die Papierstreifen anordnest, kann das Herzmännchen stehen, hüpfen, sitzen und sogar winken!

Putziges Entchen

Das brauchst du:

Tonpapier in Blau, Gelb und Rot * Fotokarton in Dunkelblau * Wackelaugen * Zierrandschere * Klebstoff

Für den Hintergrund des Bildes schneidest du ein Stück Tonpapier quadratisch zu. Besonders schön sehen die Ränder aus, wenn du eine Zierrandschere benutzt.

1

2

Klebe nun die Ente aus Herzen darauf zusammen (Vorlage siehe Seite 78). Das große gelbe Herz ist der Körper, die kleinen roten Herzen sind Schnabel und Füße. Der Flügel, ein mittelgroßes Herz, wird erst später aufgeklebt.

Falte danach die Karte aus einem A5-großen Blatt Fotokarton. So passt sie in einen ganz normalen Briefumschlag.

3

4

Klebe dein Bild dann in die Mitte der Kartenvorderseite, nun hat es einen hübschen dunkelblauen Rahmen.

5

Jetzt klebst du den Flügel auf. Damit es aussieht, als würde das Küken ihn bewegen, klebst du nur eine Hälfte des Herzens fest und biegst die andere vorsichtig nach oben. Ergänze zuletzt die Wackelaugen, schon ist die Karte fertig!

▲ So sieht das fertige Entenkärtchen aus.

Spatz

Die Anzahl der Herzen ist gleich, dennoch sieht der Vogel ganz anders aus. Spiele ein bisschen mit den Herzen: Probiere andere Farben aus und klebe sie wie beim Schnabel einfach mal anders herum auf. Wie viele Möglichkeiten entdeckst du?

Libelle

Für den Libellenkörper ist der Streifen oben breit und unten schmal. Runde ihn an beiden Enden noch mit der Schere ab, bevor du ihn aufklebst und die Herzen als Flügel ansetzt, oder du verwendest die Vorlage auf Seite 78. Lustig sieht das Insekt mit großen Wackelaugen aus.

Tannenbaum

Du brauchst nur drei unterschiedlich große grüne Herzen und einen braunen Streifen – schon ist die Weihnachtstanne fertig. Wer möchte, malt noch einen Stern auf die Baumspitze.

Katze

Drei Herzen, ein Paar Wackelaugen und sechsmal einen Strich; fertig ist das Katzengesicht!

Apfel

Ein Apfel am Tag hält den Doktor fern, sagt man. Für dieses besonders rotbackige Exemplar schneide vom großen Herzen die Spitze ab, schon erhältst du die typische Apfelform.

Frosch

Wenn du die Papierstreifen hakenförmig zuschneidest, erhältst du Froschschenkel. Eine Vorlage dafür findest du auf Seite 79.

Blume

Für die Blume brauchst du kleine und große Herzen sowie einen langen Streifen als Stiel. Über so eine Karte freut sich deine Mama zum Muttertag bestimmt sehr.

Rosarotes Kätzchen

Das brauchst du:
Plüschpompons in verschiedenen Farben und Größen ✱ Filzrest ✱ Wollfaden oder Papierdraht ✱ Chenilledraht ✱ Wackelaugen ✱ Schere ✱ Klebstoff

Schneide aus Filz zwei spitze Dreiecke in derselben Farbe wie die großen Pompons zu. Das sind die Ohren. Gib jeweils auf die kurze Dreieckseite etwas Klebstoff und drücke jedes Ohr gut in den Pompon hinein. Halte den Filz fest, bis der Klebstoff angetrocknet ist.

Danach brauchst du zwei Stücke Wolle oder Papierdraht für die Schnurrhaare. Gib etwas Klebstoff in die Mitte des Pompons und klebe die Schnurrhaare fest.

Nun etwas Klebstoff auf einen kleinen Pompon auftragen und diesen in die Mitte der Schnurrhaare kleben. Bringe darunter zwei etwas größere Pompons als Bäckchen an.

Für den Schwanz klebst du einen kleinen Pompon an ein Ende des Chenilledrahtstückes. Gib den Klebstoff auf den Chenilledraht und drücke ihn fest in den Pompon hinein.

Klebe dann das Ende des Chenilledrahtes ebenso an einen großen Pompon. Dieser Pompon ist das Katzenhinterteil, das anschließend mit dem Kopf zusammengeklebt wird.

Nun brauchst du nur noch die Wackelaugen aufzukleben, schon ist das Kätzchen zum Leben erwacht.

Dressierte Katze

Wenn du den Kopf an einer anderen Stelle des Körpers aufklebst, sitzt das Kätzchen plötzlich.

Kleiner Clown

Das brauchst du:

Plüschpompons in verschiedenen Farben und Größen * Moosgummi oder Fotokarton als Unterlage * Wollfaden oder Papierdraht * Wackelaugen * Schere * Klebstoff

1

Beginne mit dem Aufkleben der Pompons im oberen Drittel des Fotokartons. Klebe zuerst einen großen weißen Pompon als Kopf auf, dann sechs kleinere als Frisur. In die Lücken setzt du noch kleinere Pompons. Auch die Nase ist ein kleiner Pompon.

Für den Körper nimmst du Pompons, die noch größer als der Kopf sind. Die Pompons für die Gliedmaßen sind so groß wie der Kopf, die für die Hände sind so groß wie bei der Frisur.

2

3

Für die Schuhe werden zwei größere und ein kleiner Pompon an die Beine gesetzt.

4

Klebe neben einem Arm den Papierdraht an.

5

Nun fehlt nur noch der Luftballon. Nimm dafür einen großen Pompon und ergänze einen kleinen als Luftballonknoten.

Zirkuskünstler

Die Manege ist eröffnet! Unser Clown Ferdinand begeistert mit einem riesigen Luftballon, Clown August hier ist ein hervorragender Ballakrobat.

Tipp

Damit Pompons gut zusammenkleben, trägst du den Klebstoff in die Mitte der Pompons auf. Dazu drückst du den Pompon etwas auseinander. Nach dem Zusammenkleben drückst du beide Pompons ein paar Sekunden lang fest zusammen, dann haften sie besser.

Jetzt noch einen Rest Faden oder Draht als Mund aufkleben und die Augen anbringen – schon ist der Clown bereit für seinen großen Auftritt!

Schildkröte

Klebe für den Panzer die Pompons in Form einer Blüte zusammen. Dann setzt du den Kopf an einen kleineren roten Pompon an. Die Enden der kurzen Chenilledrahtstücke werden L-förmig umgeknickt und in die Mitte der grünen Pompons geklebt. Nach dem Trocknen des Klebstoffes drehst du die Schildkröte um und bringst die Wackelaugen an.

Spinne

Keine Angst, diese Spinne verbreitet nur Spaß, keinen Schrecken! Ihre Beine sind aus vier Stücken Papierdraht. Klebe diese kreuzförmig auf den großen Pompon, darüber dann den kleineren Pompon. Zuletzt setzt du die Wackelaugen auf.

Apfel und Birne

Der Apfel besteht aus einem großen Pompon, die Birne wird aus zwei Pompons – einem kleineren und einem größeren – zusammengeklebt. Der Stiel ist aus Chenilledraht, das Blatt aus Filz zugeschnitten und daran festgeklebt. Eine Vorlage dafür findest du auf Seite 78.

Glücksschwein

Setze das Schweinchen aus Pompons zusammen, bevor du die Rüsselöffnungen mithilfe eines Zahnstochers oder feinen Pinsels mit Acrylfarbe aufmalst. Für den Hut drehst du Chenilledraht schneckenförmig auf und klebst ihn auf den Kopf.

Biene

Biege für die Bienenflügel den Chenilledraht zu einer „8" und setze die Pompons als Körper über die Mitte. Stachel aus Papierdraht und Wackelaugen sind aufgeklebt.

Blume

Das Blümchen hat spitze Blätter aus Filz, du kannst aber auch Papier nehmen.

Sonne und Wolke

Das brauchst du:
Chenilledraht in Weiß und Gelb * Moosgummi als Unterlage * Filz in Rot * Wackelaugen in verschiedenen Größen * Schere * Klebstoff

1

2

▲ Stich mit einem Drahtende durch den Moosgummi und stecke es durch.

◀ Das Ende wird auf der Rückseite umgeknickt.

▼ Drehe die Moosgummiplatte um und wickle den Chenilledraht von innen nach außen zu einer Schnecke auf. Das Drahtende wickelst du zum Befestigen um die vorherige Reihe. Für die Sonnenstrahlen schneidest du kurze Chenilledrahtstücke zu.

3

4

▲ An einem Ende biegst du kleine Haken, mit denen du die Strahlen in die Sonne „einhakst".

▶ Zuletzt erhält die Sonne ihr Gesicht. Schneide den Mund aus kuscheligem Filz zu; falls du keinen hast, nimm einfach Papier.

Nun wird die Wolke gemacht: Biege den Chenilledraht für die Wolke unregelmäßig wellenförmig zurecht, sodass vier Bögen entstehen.

Stich mit dem Drahtende ein Loch in die Moosgummiplatte.

Durch dieses steckst du nacheinander beide Drahtenden. Knicke die Drahtenden auf der Rückseite gegengleich auseinander, so können sie nicht wieder herausrutschen.

Drücke die Wolke auf der Vorderseite flach und in Form.

Jetzt noch die Augen und den Mund aufkleben. Nun ist auch die Wolke fertig.

Lustiges Kamel

Das brauchst du:

4 Chenilledrähte ✱ Wackelaugen ✱ Klebstoff

1

▲ Biege einen Draht in Form einer „1“.

2

▶ Knicke nun das kurze Ende im spitzen Winkel zurück zum langen Ende, sodass eine Dreieckform entsteht. Diese fixierst du, indem du das Drahtende um den langen Draht herumwickelst. Danach biegst du das lange Ende im rechten Winkel nach oben.

3

▶ Nimm das zweite Drahtstück und biege es M-förmig zurecht.

▼ Lege es dann an die zuerst gebogene Drahtform und verbinde beides, indem du die Enden des „M“ um das lange Ende des anderen Drahtes wickelst.

4

5

▲ Bei den zwei anderen Drähten biegst du die Enden jeweils zu Ösen. Danach werden beide Drahtstücke so umgeknickt, dass eine Seite länger als die andere ist.

6

Lege jeden Beindraht auf den Körper und wickle das lange Ende zum Befestigen mehrmals um den Körper, bis jedes Beinpaar gleich lang ist.

Damit das Kamel stehen kann, werden die Pfoten noch ein wenig abgeknickt.

7

Abschließend klebst du die Wackelaugen auf. Nun kann das „Wüstenschiff", wie man Kamele auch nennt, auf Reisen gehen!

Trinkendes Kamel

Das Kamel ist sehr gelenkig. Ohne Probleme kann es andere Positionen einnehmen, zum Beispiel den Kopf zum Trinken nach unten biegen. Für die Wasserpfütze kannst du einfach ein Stück Alufolie nehmen.

Mond und Stern

Sie werden wie die Wolke auf Seite 19 gemacht, also zuerst zurechtgebogen, dann steckst du die Chenilledrahtenden durch ein Loch im Moosgummi auf die Rückseite und biegst sie dort um.

Regenwurm

Der lustige Wurm ist schnell gemacht: Biege einfach ein Drahtende zur Schlaufe und fixiere sie, indem du die Drähte verdrehst. Biege dann den Draht wellenförmig und klebe das Auge auf.

Krake

Zunächst für den Krakenkörper den Chenilledraht zur Schnecke aufrollen. Das Drahtende wickelst du zum Befestigen um die vorherige Reihe. Nimm für die Tentakel vier lange Drahtstücke und stecke sie zur Hälfte durch die Schnecke. Nur noch die Beinenden umbiegen und die Augen aufkleben, fertig ist das Meeres-Ungeheuer!

Sportliches Männchen

Das brauchst du:
Wäscheklammern in verschiedenen Farben * passend große, bunte Holzperle * kurzes Stück Chenilledraht

◀ Fädle die Perle so auf das kurze Chenilledrahtstück, dass dieses oben und unten herausschaut.

▼ Nun klemmst du das Köpfchen mit einem Chenilledrahtende in die Klammer.

▼ Rechts und links werden als nächstes die Arme angesetzt.

▲ Jetzt fehlen nur noch die Beine, für die ebenso Wäscheklammern verwendet werden.

▼ Fertig ist das sportliche Männchen.

Hübsche Blume

Das brauchst du:

Fotokarton * Wäscheklammern in verschiedenen Farben * Schere

1

Für die Blütenmitten brauchst du Kreise aus Fotokarton, eine Vorlage dafür ist auf Seite 78. Zum Aufzeichnen kannst du ein kleines Glas verwenden, das du auf den Fotokarton setzt und mit einem Bleistift umfährst. Schneide den Kreis dann genau auf der Linie aus.

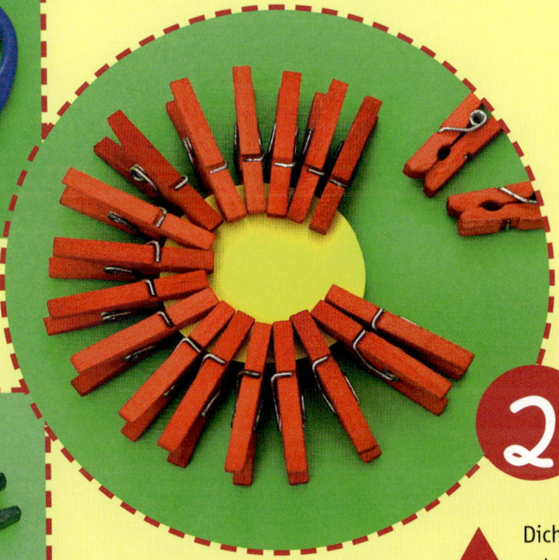

2

Dicht an dicht setzt du nun die Wäscheklammern an den Kreis.

3

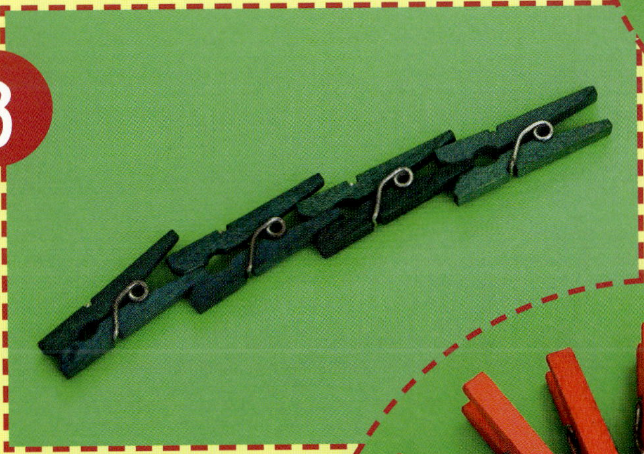

Für den Blumenstiel klammerst du mehrere grüne Wäscheklammern aneinander.

Die oberste wird an den Kreis geklemmt. Schon ist die Blume fertig und kann in die Vase gestellt werden!

Kerlchen mit Klammerhaaren

Das Gesicht kannst du selbst oder mithilfe der Schablone auf Seite 78 auf Fotokarton malen. Klebe die Augen an und male den Mund mit einem Filz- oder Buntstift auf. Welche Haarfarbe soll dein Männchen bekommen? Hat es eher volles Haar oder nur ein paar „Strähnen"?

Palme

Der Palmenstamm ist wie der Stiel der Blume auf Seite 25 gemacht. Schneide die Blätter mithilfe der Schablone auf Seite 79 aus Papier oder Moosgummi aus und klebe sie auf den Stamm.

Zwei Hunde

Gib etwas Klebstoff auf ein Ende des Chenilledrahtes und fädle die große Perle auf. Nach dem Trocknen klemmst du eine Klammer als Ohren an, die anderen in entgegengesetzter Richtung als Beine. Hast du Lust auf noch mehr Klammertiere? Dann probiere doch mal andersfarbige Ohren und Köpfe und unterschiedlich große Klammern für die Ohren und Beine aus!

Vögel am Himmel

Ein Vogelschwarm ist schnell gemacht: Klebe einfach Flügel auf die Klammern! Die Wolke schneidest du aus Papier aus und knickst den Aufsteller nach hinten, sodass sie stehen kann. Die Vorlagen dafür findest du auf Seite 78.

Bunte Clownbrille

Das brauchst du:
viele bunte Perlen * 3 Chenilledrähte

1

Biege aus Chenilledraht die Einzelteile der Brille: zwei Gläser, eine Brücke und zwei Bügel. Nimm dabei an deinem Gesicht Maß. Das gelingt leichter, wenn dir jemand hilft. Alle Drahtstücke müssen ca. 2 cm länger sein, als du anhand deines Gesichtes ausgemessen hast, damit sie miteinander verbunden werden können.

2

Fädle nun die Perlen auf, hier siehst du die Brücke. Lasse an beiden Enden genügend freien Draht stehen.

3

Bei den Brillenrändern verdrehst du die Drahtenden nach dem Auffädeln der Perlen miteinander und versteckst sie in den Perlen.

4

Füge nun die Brillenränder mit der Brücke zusammen, indem du ihre Enden um die Ränder wickelst.

5

Fädle dann alle Perlen auf die Bügel auf. Damit sie an den gebogenen Bügelenden nicht herunterrutschen, musst du den Draht vorher umknicken.

6

Danach bringst du die Bügel an. Wickle dafür die Enden etwa in Höhe der Brücke um den Brillenrand.

Fertig ist die Clownbrille.

Schicke Brille

Diese Brille lässt dich vielleicht nicht besser sehen, aber sie lässt dich einmalig aussehen!

Gelenkiges Männchen

Das brauchst du:

Perlen in zwei Farben * 3 Chenilledrähte * gebohrte Rohholzkugel * Permanentstift in Rot * 2 kleine Wackelaugen * 2 kleine Pompons * Schere * Klebstoff

Zunächst machst du die Arme und den Körper. Für die Arme ist der Draht 30 cm lang. Fädle abwechselnd verschiedenfarbige Perlen auf. Lass in der Mitte und an den Enden etwas Draht frei, das ist für das Zusammenfügen wichtig. Mach auch den Körper, er ist 15 cm lang und bleibt ebenso an den Enden frei.

Setze nun das Körperteil in der Mitte der Arme an und wickle den Draht fest. Das Drahtende bleibt stehen.

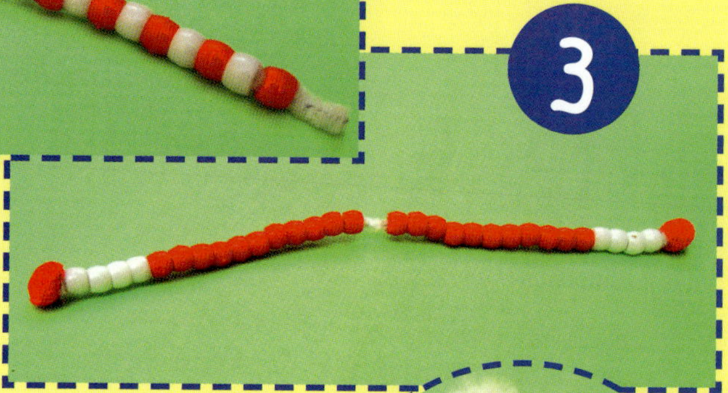

Als nächstes fertigst du das Beinteil an. In der Mitte lässt du wieder etwas Draht frei. Für die Füße/Schuhe kannst du an beiden Drahtenden ein paar andersfarbige Perlen auffädeln. Knicke die Drahtenden um, damit die Perlen nicht herunterrutschen, und klebe kleine Pompons daran fest.

Verbinde nun den Körper mit den Beinen.

Als nächstes wickelst du die Drahtenden der Arme um die Beine. Um die Füße anzudeuten, werden die Drahtenden mit weißen Perlen nach oben umgebogen.

Nun erhält der kleine Akrobat seinen Kopf. Schneide vom Chenilledraht kurze Stücke ab und stecke sie in eine Seite der Holzperle. Jetzt auf den überstehenden Körperdraht die Holzperle aufstecken.

Ganz zum Schluss klebst du dem Turner seine Augen auf und malst ihm einen Mund.

Tipp

Verwende auf Rohholzkugeln keinen Filzstift zum Aufmalen des Mundes, die Farbe verläuft leicht. Besser ist ein Permanentstift; wenn du keinen hast, kannst du auch Buntstifte verwenden.

Turnübung

Der Akrobat kann die verschiedensten Gymnastikübungen machen, je nachdem, in welcher Position du Arme und Beine zusammenknotest.

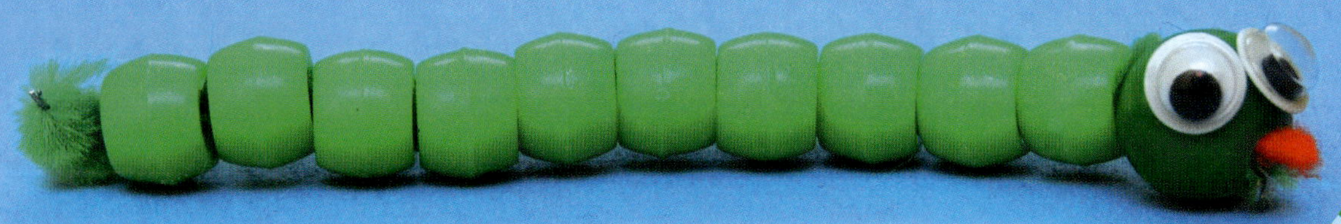

Raupe

Biege ein Ende des Chenilledrahtes um und fädle kleine Perlen auf. Zum Schluss nimmst du eine große Perle als Kopf. Bevor du diese Perle auffädelst, musst du den Draht eventuell kürzen: Er sollte etwas kürzer als die Perle sein. Streiche ihn mit Klebstoff ein und schiebe die Perle auf. Dann klebst du die Zunge aus Filz in das Loch der Perle und setzt die Wackelaugen auf.

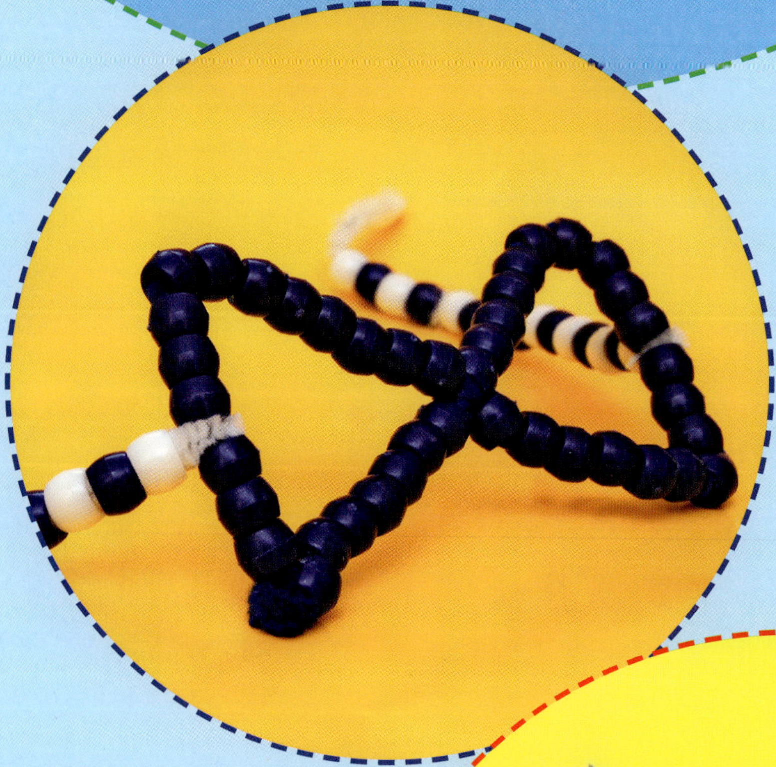

Fliege

Für die Fliege fädelst du die Perlen auf Chenilledraht, bindest diesen zu einem Ring und formst eine „8“ daraus. Knicke danach die runden Ecken spitz. Zuletzt bringst du auf jeder Seite „Bindeschnüre“ an.

Hund

Fädle für den Rumpf mit Schnauze und Schwanz einige kleine Perlen und eine große Perle locker auf den Draht. Die Beine sind etwa genauso lang wie der Körper. In der Mitte lässt du ca. 1,5 cm Draht frei, damit wickelst du die Beine um den Körper. Jetzt fehlen nur noch die Ohren! Wickle dafür ein kurzes Drahtstück zwischen Schnauze und Körper und stecke Perlen auf die Enden, die du danach umknickst, damit die Perlen nicht herunterrutschen. Die Augen klebst du am Draht fest.

Buchstaben

Fädle die Perlen auf und knicke die Drahtenden um, damit sie nicht herunterrutschen. Dann biegst du den Draht in die gewünschte Form. Für manche Buchstaben braucht man noch kurze Drahtstücke.

Puppenstuhl

Das wird dein Meisterstück! Der Stuhl besteht aus einem „U“ für die Lehne, in das eine kurze Schnur geknüpft wird. Die Sitzfläche ist ein Kreis, an den die Beine und die Lehne angeknotet werden. Achte darauf, dass die Beine alle gleich lang sind, damit der Stuhl nicht kippelt! Zuletzt füllst du die Stuhlfläche mit kurzen Drahtstücken.

Faszinierende Muscheln

Das brauchst du:
Knete oder Modelliermasse in Weiß, Blau und wenig Schwarz * Modellierwerkzeug * Zahnstocher * Walze oder Teigroller * Zierrandschere

Marmoriere die Knete, indem du viel Weiß mit etwas weniger Blau und ganz wenig Schwarz kurz verknetest.

Für die Herzmuschel walzt du die Knete aus.

Schneide mithilfe des Modellierwerkzeuges einen Viertelkreis aus der Fläche aus.

Die Rillen entstehen, indem du sie mit einem Zahnstocher, eindrückst, den du immer wieder von der Spitze des Viertelkreises aus ansetzt.

Als nächstes schneidest du den Rand mit der Zierrandschere zu.

Zuletzt wird die Muschel leicht halbrund geformt. Schneide sie dazu an der Spitze ein wenig ein und lege die Kanten übereinander.

Drehe die Muschel dann um und drücke sie am spitzen Ende noch ein wenig zusammen.

Für die Venusmuschel rollst du die marmorierte Knete (siehe links) zu einer langen Schlange aus.

Knicke dann ein Ende rechtwinklig ab und biege es zur anderen Seite.

Von hier aus wickelst du die Schlange, bis auf ein kleines Stück am Ende, zu einem spitzen Schneckenhaus auf.

Drücke das kleine Reststück Knete flach und befestige es am letzten Ring des Schneckenhauses.

Fertig ist die Venusmuschel.

Schauriges Monster

Das brauchst du:

Knete oder Modelliermasse in verschiedenen Farben * Modellierwerkzeug

◄ Für einen Monsterkopf brauchst du eine Kugel.

▼ Schneide die Kugel in der Mitte etwa zur Hälfte durch, so entsteht das Monstermaul.

▲ Für die Zunge rollst du ein kleines Stück Knete aus und drückst es flach. Öffne das Maul vorsichtig und stecke die Zunge hinein. Dann kannst du das Maul wieder zuklappen. Wenn die Zunge nicht hält, kannst du sie mit dem Modellierwerkzeug festdrücken.

► Nun werden die Augen gemacht: Du brauchst zwei weiße Kugeln und winzige Kügelchen für die Pupillen. Drücke die Pupillen behutsam auf die weißen Kugeln, ohne dabei ihre Form zu verändern.

► Dann setzt du die Augen auf den Kopf, fertig ist das Monstergesicht.

Grünes Monster

Das grüne Vampirmonster mit den blauen Augen kriegt kleine Zähne aus Kneteröllchen, die du an einem Ende ganz spitz ausformst.

Küken

Der Kopf des Kükens ist fast genauso groß wie sein Körper. Für das Schwänzchen ziehst du bei der größeren Kugel hinten ein wenig Knete heraus und drückst sie zusammen. Setze für den Schnabel eine kurze Rolle auf und drücke die Vertiefung mit dem Modellierwerkzeug ein.

Pinguin

Aus zwei Kügelchen, einer großen und einer kleinen, sowie einer Rolle sind Pinguinkörper und Schnabel gemacht. Drücke den Schnabel vor dem Ansetzen etwas flach und forme ihn an einer Seite spitz aus. Für die Flügel schneidest du ein Trapez aus ausgewalzter oder flach gedrückter Knete und legst es dem Pinguin wie einen Umhang um.

Grazile Giraffe

Das brauchst du:

Bastelhölzer (Holzstäbchen) ✱ Klebstoff ✱ Permanentstifte in Braun und Schwarz ✱ Tonpapier in Braun ✱ Schere

1

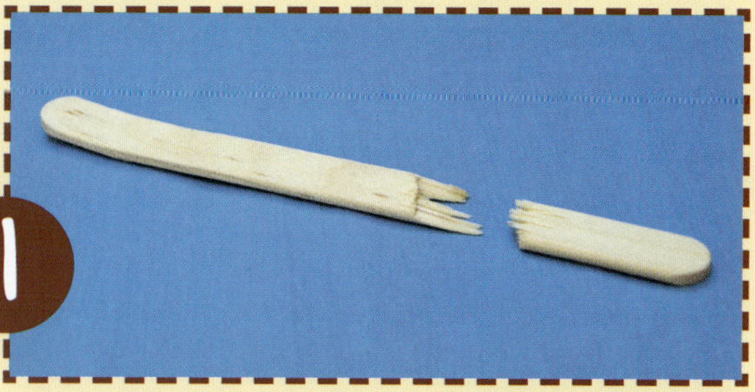

Breche ein Stäbchen in zwei ungleiche Teile. Den längeren brauchst du für den Körper, den kürzeren für den Kopf.

2

Ordne nun die Stäbchen – fünf ganze und das geteilte – wie auf dem Foto an.

3

Bemale danach die Stäbchen mit einem Giraffenmuster.

4

Die Hörner schneidest du aus Papier zu, eine Vorlae findest du auf Seite 79. Klebe die Hörner an das kürzeste Stäbchen, den Kopf.

Füge dann den Kopf und den Hals zusammen.

5

Nun befestigst du die Beine am Körper und klebst den Hals daran fest.

6

▶ Male frei oder nach der Vorlage auf Seite 79 ein Blatt auf Tonpapier und schneide es aus. Klebe das Blatt hinter das Maul. Dann kannst du die Augen ergänzen und den Mund aufmalen.

Endlich ausruhen!

Du kannst die Stäbchen auch ganz anders zusammenkleben, sodass die Giraffe sitzt oder liegt.

Flugzeug

Streiche die Stäbchen weiß und male nach dem Trocknen die Fenster und das Cockpit auf eines der Hölzchen. Klebe die Hölzer über Kreuz zusammen. Das Heckruder ist aus Moosgummi und wird nach der Vorlage auf Seite 78 zugeschnitten.

Windmühle

Für den Turm schneidest du die Moosgummiteile nach der Vorlage auf Seite 79 aus und klebst sie zusammen. Bemale dann die Hölzer und klebe sie kreuzförmig an das Dach. In ihrer Mitte befestigt du den kleinen Moosgummikreis.

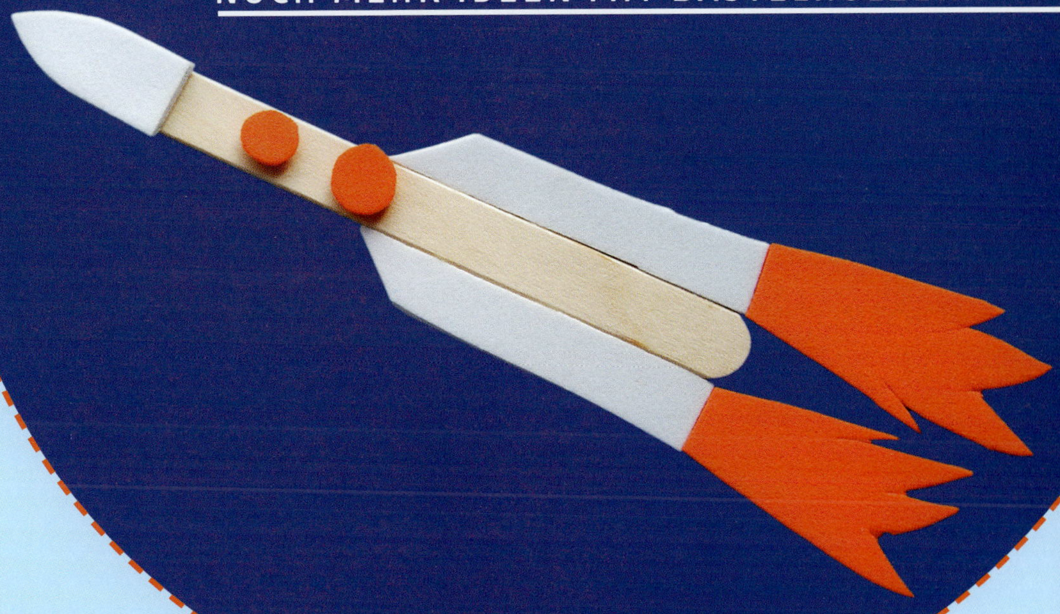

Rakete

Hier werden die weißen und roten Teile mithilfe der Vorlage auf Seite 78 aus Moosgummi zugeschnitten und an und auf das Bastelhölzchen geklebt.

Fahrrad

Du brauchst jeweils drei ganze und halbe Bastelhölzer. Klebe zwei Hölzchen im rechten Winkel aneinander, das ist der Fahrradrahmen, und setze daran ein halbes Stäbchen als Lenkrad. Klebe nun an die Enden eines Stäbchens jeweils ein halbes als Radgabel. Dann wird alles miteinander verbunden. Der Sitz, die Griffe und die Räder sind aus Moosgummi. Die Vorlagen findest du auf Seite 78.

Lustiges aus Naturmaterialien

Blätter, Äste, Stöckchen,
Samen und vieles mehr – aus allem lässt sich Schönes und Witziges basteln. Aus Federn werden nicht nur kunterbunte Männchen, sogar Bilderrahmen kannst du damit gestalten. Auch Blätter zeigen sich hier ganz kreativ: zum Beispiel als Vögel, Igel und Fische. Alles, was du zum Basteln brauchst, kannst du beim nächsten Waldspaziergang leicht zusammentragen.

Kuschelige Männchen

Das brauchst du:
bunte Federn * Moosgummi in Hautfarbe * Moosgummi als Unterlage * Wackelaugen * Permanentmarker * Schere * Klebstoff

▲ Pro Männchen brauchst du eine Feder. Schneide die Spitzen der Federn ab.

▼ Ordne verschiedenfarbige Spitzen auf der Unterlage an, jeweils zwei übereinander, die in entgegengesetzte Richtung zeigen.

▲ Die Köpfe werden aus Moosgummi zugeschnitten, die Vorlage dafür findest du auf Seite 78. Bestreiche sie mit Klebstoff und klebe sie in die Mitte der Federn. Bis der Klebstoff getrocknet ist, solltest du etwas Schweres darauf legen.

▼ Male nun Arme, Beine und den Mund auf.

Jetzt fehlen nur noch die Augen, die du mit Klebstoff anbringst. Fertig sind die drei kuscheligen Freunde.

Kuschelmütze

Das Männchen mit der riesigen Mütze besteht aus einer großen flauschigen Feder. Klebe diese oben am Schaft mit doppelseitigem Klebeband auf den Untergrund. Als Bommel klebst du noch einen Pompon an die Federspitze.

Blume

Stich in eine Platte Moosgummi ein Loch und stecke ein Ende des Chenilledrahts hindurch. Knicke es auf der Rückseite um, damit der Draht nicht herausrutscht. Klebe nun mit doppelseitigem Klebeband viele besonders flauschige Federn als Blüte und zwei längere Federn als Blätter darauf.

Blaue Eule

Du kannst das Kleid der Eule aus Federn anfertigen und den Rest aus Tonpapier ausschneiden. Lege die Federn auf den Fotokarton und klebe sie an den Enden mit Klebstoff fest. Für den Schnabel findest du eine Vorlage auf Seite 78.

Rahmen

Der außergewöhnliche Bilderrahmen ist schnell gemacht: Klebe doppelseitiges Klebeband auf den Rahmen und ordne die Federn darauf an. Zum Verschenken kannst du ein besonders schönes Foto oder ein selbst gemaltes Bild hineinsetzen!

Bunte Eule

Klebe zwei Streifen doppelseitiges Klebeband auf deine Unterlage. Der obere Streifen ist doppelt so lang wie der untere, der Abstand zwischen den beiden Streifen ist etwas kürzer als die Länge der orangefarbenen Federn.

Darauf setzt du oben zwei lange blaue Federn für die Flügel und dazwischen zwei kurze als Ohren. Auf den unteren Streifen klebst du zwei kleine Federn als Füße. Fülle die Fläche dazwischen mit orangefarbenen Federn auf. Dann kannst du die Wackelaugen auf größere Tonpapierkreise kleben und danach Augen und Schnabel auf den Federn anbringen.

Pfeile

Stecke in ein Trinkhalmstück an einem Ende Federn und am anderen Pfeilspitzen aus Moosgummi (Vorlage Seite 78). Ihr Schaft ist genauso groß wie der Trinkhalm, so halten sie auch ohne Klebstoff.

Fidele Fische

Das brauchst du:
gepresste Blätter ✱ Ahornsamen ✱ Weißleim (weißer Bastelkleber oder Holzleim) ✱ braunes Packpapier ✱ Fotokarton als Unterlage ✱ Wackelaugen

1

Du brauchst ein großes ovales, getrocknetes Blatt und vier Ahornsamen.

2

Schneide von den Ahornsamen die Spitzen ab.

3

Klebe das Blatt und die Ahornsamen wie abgebildet auf den Fotokarton.

4

Als nächstes schneidest du den Fischkopf nach der Vorlage auf Seite 78 aus. Klebe den Kopf auf das Blatt und beschwere alles zum Trocknen mit einem dicken Buch oder Steinen. Zuletzt wird noch das Wackelauge angebracht.

So sieht der fertige Fisch aus.

Brauner Fisch

Bei dem braunen Fisch unten besteht der Körper aus einem ganzen Blatt, der Schwanz und die Flossen sind aus einem zweiten Blatt ausgeschnitten.

Goldfisch

Diesen prächtigen Goldfisch kannst du aus drei ovalen Blättern anfertigen. Ein Blatt ist der Körper, ein halbes der Schwanz und das dritte sind die Flossen. Die Flossen lassen sich mit einer Silhouetten- oder Nagelschere gut in Form bringen. Eine Vorlage für den Kopf findest du auf Seite 78.

Flinke Strauße

Das brauchst du:

gepresste Blätter * braunes Packpapier * Fotokarton als Unterlage * Wackelaugen * Weißleim (weißer Bastelkleber oder Holzleim) * Schere * Permanentmarker in Schwarz * Steine zum Beschweren

▲ Für das Federkleid des Vogels verwendest du ein getrocknetes Ahornblatt oder ein Blatt in einer ähnlichen Form.

▼ Nun brauchst du noch vier, möglichst gebogene, Blattstiele für die langen Straußenbeine.

▲ Schneide den Kopf mit dem Hals nach der Vorlage auf Seite 79 aus Packpapier aus und klebe ihn auf den Fotokarton. Die Schnäbel kannst du gleich aufmalen, die Augen werden erst ganz zum Schluss aufgeklebt. Setze nun die Blätter auf und beschwere sie, während der Klebstoff trocknet, mit einem dicken Buch.

▼ Nun klebest du die Stiele an und beschwerst sie mit Steinen.

Erst jetzt bringst du die Wackelaugen an. Die Straußenrally ist fertig.

Tipp

Für die Bilder aus Blättern brauchst du gepresste Blätter. Die Blätter kannst du zwischen den Buchseiten trocknen lassen. Lege sie am besten zwischen Löschpapier oder Küchenkrepp.

Igel

Wenn du zwei Ahornblätter verschiedener Größe aufeinanderklebst, entsteht ein Igel. Die Schnauzenspitze ist mit einem Permanentmarker aufgemalt, das Auge aufgeklebt.

Löwe

Kopf und Körper des imposanten Tiers sind aus Packpapier (Vorlage siehe Seite 79), die Innenohrteile, die Schnauzenpartie und die Schwanzspitze schneidest du aus getrockneten Blättern zu. Für die Mähne kannst du ein großes gelbes Blatt nehmen oder von einem Kastanienblatt die Spitze abschneiden. Klebe alles auf den farbigen Karton. Für den Schwanz und die Trennung zwischen den Beinen verwendest du Blattstiele.

Apfel

Für die köstliche Frucht klebst du ein großes, rotes Blatt mit Stiel und ein kleines grünes Blatt auf Fotokarton und legst während des Trocknens etwas Schweres darauf.

Eule

Der Körper ist ein großes ovales Blatt. Für die Flügel nimmst du halbe Blätter in beliebiger Größe, für den Kopf ein rundes Blatt. Auf den Kopf kannst du noch einen Kreis aus Packpapier kleben. Beschwere die Blätter, während der Klebstoff trocknet. Nachher kannst du noch ein Stöckchen an die Krallen kleben und auf das Gesicht die Blätterstiele als Schnabel sowie die Augen setzen.

Der Regen und der Schirm

Schneide aus dem Ahornblatt einen Halbkreis als Schirm aus und klebe ihn in die untere Hälfte des Fotokartons. Ergänze den Stiel und ein paar tropfenähnliche Blütenblätter als Regentropfen. Die Wolke ist aus Tonpapier ausgeschnitten; die Vorlage dafür findest du auf Seite 79.

Prächtiger Hahn

Das brauchst du:

verschiedene Bohnen * grüne und gelbe Erbsen * Fotokarton als Unterlage * Wackelaugen * Klebstoff

1

▲ Übertrage zunächst die Zeichnung von Seite 79 auf Fotokarton. Dann bestreichst du die Konturen mit Klebstoff und beklebst sie mit rot-weißen Bohnen.

2

▼ Die Mitte wird mit gelben Erbsen ausgefüllt, so bekommt der Hahn seinen Flügel.

3

▲ Für den Schwanz trägst du den Klebstoff in mehreren Bögen auf und legst sie mit Bohnen und Erbsen aus.

4

► Aus dunklen Bohnen werden die Füße gemacht und aus grünen Erbsen das Gras.

5

◄ Zu einem prächtigen Hahn gehören auch Kamm und Schnabel.

▶ Jetzt nur noch das Auge aufkleben und schon ruft der Hahn „Kikeriki!"

Henne

Die kleine Henne schaut erstaunt: Wer hat ihr hier wohl diese leckeren Körner gestreut?

Hübsches Mädchen

Das brauchst du:
verschiedene Bohnen * gelbe Erbsen * Fotokarton als Unterlage * Wackelaugen Klebstoff

1

Zeichne auf dem Fotokarton den Kopf und die Frisur, du kannst dafür die Vorlage des Engels auf Seite 78 verwenden. Bestreiche den Kreis mit Klebstoff.

Jetzt den Kreis mit weißen Bohnen ausfüllen, eine große rote Bohne ist der Mund.

2

3

Klebe für den Haarreif eine Reihe dunkler roter Bohnen auf.

4

Aus vielen gelben Erbsen lassen sich prächtige Haare gestalten.

Mit seinen Kulleraugen schaut das rothaarige Mädchen neugierig um sich.

Musikfan

Welche Musik hört wohl dieser Junge? Seine Kopfhörer aus dunklen Bohnen haben bestimmt einen guten Klang!

Früchtebaum

Zeichne einen Kreis auf Fotokarton, bestreiche ihn mit Klebstoff und lege viele grüne und ein paar gelbe Erbsen darauf. Als Baumstamm kannst du ein Stöckchen aufkleben.

Krokodil

Das große Nilkrokodil besteht aus grünen Erbsen. Die Vorlage dafür findest du auf Seite 79.

Hase

Viele, viele weiße Bohnen, ein Auge und eine schwarz angemalte Nase – schon ist das kleine Häschen fertig! Eine Vorlage findest du auf Seite 79.

Panther

Für den Panther kannst du die gleiche Vorlage wie für den Löwen aus Blättern von Seite 52 verwenden. Der Körper ist aus dunklen Bohnen und als Nase wird eine gelbe Erbse aufgeklebt.

Überraschendes aus Recycling-materialien

Für manche sind leere Flaschen, das Innere von Küchen- und Toilettenpapierrollen und leere Eierkartons nur für den gelben Sack oder die Papiertonne gut, für uns sind sie wertvolles Bastelmaterial. Hier haben Recyclingmaterialien ihren großen Auftritt, hier können sie zeigen, was in ihnen steckt! Plötzlich tun sich Flaschenkappen zusammen, die einander bislang nicht kannten, und daraus entsteht ein ulkiger Frosch. Noch mehr tolle Ideen findest du auf den nächsten Buchseiten.

Fernrohr des Piraten

Das brauchst du:
Küchenpapierrolle * Pinsel und Acrylfarben in Blau, Rot und Schwarz * Permanentstift in Schwarz * lange Kordel * Schere

Bemale die Küchenrolle zu zwei Drittel mit blauer Farbe und lass die Farbe gut trocknen.

Dann kannst du den Rest rot bemalen.

Setze mit schwarzer Farbe oder einem Permanentstift das Piratensymbol der gekreuzten Knochen auf. Eine Vorlage dafür findest du auf Seite 78.

Nun stichst du mit der Scherenspitze ins blaue Ende der Rolle zwei sich gegenüberliegende Löcher. Weite sie etwas, indem du die Schere hin und her drehst.

Ziehe die Kordel durch die Löcher und verknote jedes Kordelende.

Fertig ist das Fernrohr.

Tigerrohr

Für die Dschungelexpedition brauchst du dieses Tiger-Fernrohr! Bemale die Küchenrolle dafür orangefarben und setze nach dem Trocknen die schwarzen Streifen und den Kopf auf. Zuletzt klebst du die Wackelaugen auf.

Bonbon

So wird aus einer Toilettenpapierrolle eine tolle Geschenkverpackung: Stecke das Geschenk in die Papprolle und wickle diese in Geschenkband ein. Verdrehe dann die Papierseiten behutsam und binde sie eventuell noch mit einem Band ab.

Hund

Der Dackel entsteht aus einer braun bemalten Küchenrolle und ausgeschnittenen und bemalten Papierteilen. Vorlagen dafür findest du auf Seite 79. Zum Anbringen von Kopf und Schwanz schneidest du Schlitze in die Küchenrolle und steckst sie ein. Die Pfoten sind angeklebt.

Fernglas

Bemale zwei Toilettenpapierrollen und stich in jede seitlich ein Loch. Klebe sie dann mit einem rechteckigen Stück Papier (4 cm x 6 cm) zusammen, das du mit doppelseitigem Klebeband anbringst. Nun noch die Kordel einziehen und fertig ist das Fernglas für die erste Erkundung!

Männchen

Für das liebenswerte Männchen bemalst du eine Toilettenpapierrolle und klebst Wackelaugen auf. Für die Haarpracht wird der obere Rand viele Male eingeschnitten.

Halloween-Hut

Das brauchst du:
Pappbecher * Moosgummi * Klebstoff * Schere * Hutgummi, ca. 30 cm lang * Permanentmarker in Braun

Jetzt stichst du in die Kreismitte zwei Löcher. Vorher solltest du aber prüfen, ob der Becher die Löcher abdeckt. Ziehe den Hutgummi durch die Löcher und verknote die Enden.

Schneide für die Hutkrempe einen Moosgummikreis zu. Nimm einen Frühstücksteller oder einen Zirkel zum Aufzeichnen des Kreises, er ist ca. 16 cm groß.

Nun wird der Becher aufgeklebt. Bestreiche dazu den Rand mit Klebstoff. Lasse den Klebstoff etwa eine Stunde lang trocknen und beschwere den Becher während dieser Zeit mit einem dicken Buch.

In der Zwischenzeit fertigst du mithilfe der Vorlage auf Seite 79 die Einzelteile für den Kürbis an.

Male die Rillen mit einem braunen, wasserfesten Stift auf.

Klebe dann den Stiel an die Frucht, indem du Klebstoff auf die Kante gibst und beides fest zusammendrückst.

Nun kannst du den Kürbis an den Becher kleben. Voilà, die Halloweenparty kann beginnen!

Faschingshut

Hübsch sieht das Hütchen auch mit einem Motivbecher und Bindebändern statt des Hutgummis aus. Eine schöne Idee für Faschings- und Geburtstagspartys!

Engelchen

Das Engelchen erhält zuerst seinen Umhang aus Seidenpapier. Schneide dafür ein Rechteck, 13 cm x 27 cm, mit einer Zierrandschere aus. Mit einer normalen Schere wird es in der Mitte etwas eingeschnitten. Lege es nun um den Becher, sodass der Einschnitt vorn ist, und knicke den Kragen nach unten. Hinten hältst du das Papier mit einer kleinen Klammer zusammen. Klappe die Papierenden auseinander, so entstehen die Flügel. Dann schneidest du Schlitze in den Becher und steckst Kopf und Hände aus Moosgummi ein (Vorlage siehe Seite 78).

Exotischer Vogel

Für den Vogelkörper lässt du vorn einen breiten Streifen der Becherwand stehen, den Rest schneidest du in schmale Streifen. Nun kannst du den Körper gestalten: Schneide den oberen Rand in kleine, kurze Streifen und klebe die Wackelaugen sowie den Moosgummischnabel an.

Sonne

Schneide für die Sonne den Becher in schmale Streifen und biege diese nach unten. Nun bemalst du alles mit gelber Acrylfarbe und klebst nach dem Trocknen die Augen auf. Der Mund ist mit einem wasserfesten Stift aufgemalt.

Examen bestanden!

Kopf, Hände und Hut sind Moosgummiteile, die zuerst bemalt und zusammengefügt und dann an den Becher angebracht werden. Für den Kopf kannst du die gleiche Vorlage wie beim Klammermännchen auf Seite 26 verwenden, ergänze aber einen Hals. Schneide mit einem Messer Schlitze in den Becher und stecke Kopf und Hände ein. Die Vorlage für den Hut findest du auf Seite 79.

Tüchtige Ameise

Das brauchst du:
Eierkarton * Trinkhalme * Acrylfarbe in Rot * dünner Pinsel * Wackelaugen * Schere

1

Trenne zunächst von einem Eierkarton drei Schälchen ab.

Damit die Ränder schön aussehen, kannst du sie mit der Schere etwas nachschneiden.

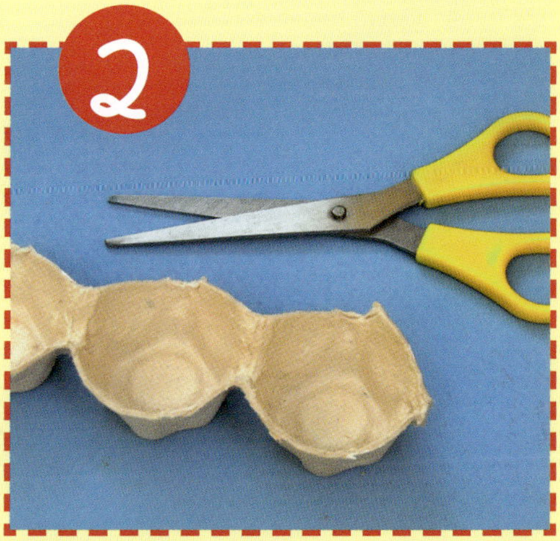
2

3

Nun stichst du in die einzelnen Schälchen von beiden Seiten Löcher für die Beine und piekst oben in das erste Schälchen ein Loch für die Fühler.

Den Körper der Ameise kannst du jetzt mit roter Farbe bemalen.

4

Kürze die Trinkhalme so, dass der Knick ungefähr in der Mitte ist.

5

6

Der Trinkhalm für den Kopf wird längs eingeschnitten, damit die Ameise zwei schöne lange Fühler bekommt.

Schneemann

Dieser fröhliche Schneemann ist auch aus drei Schälchen eines Eierkartons gemacht und auf ein Holzstäbchen aufgesteckt. Du brauchst nur noch ein Schälchen für den Hut schwarz anzumalen. Die Karottennase kannst du mithilfe der Vorlage auf Seite 79 aus Moosgummi zuschneiden.

▼ Nun alle Trinkhalme in die Löcher stecken und zum Schluss noch die Augen aufkleben.

7

▼ Jetzt kann sich die kleine Ameise auf ihre große Wanderung durch den Wald machen.

Drache

Wenn du einmal drei und einmal vier Schälchen über Kreuz zusammenklebst und grün anmalst, bekommst du einen Drachen. Damit er ordentlich Feuer spucken kann, schneide vorn im Kopf einen kleinen Schlitz ein und klebe eine Flamme aus Moosgummi in das Maul ein. Die Vorlage dafür ist auf Seite 78.

Marienkäfer

Der liebenswürdige kleine Marienkäfer ist aus nur einem einzigen Schälchen gemacht. Bemale es mit roter Farbe, lasse die Farbe antrocknen und setze schwarze Punkte und die Trennlinie zwischen den Flügeln darauf. Für das Gesicht malst du vorn einen breiten Streifen und klebst die Augen auf.

Zartes Pflänzchen

Bemale ein ganzes Schälchen mit brauner Farbe und ungefähr ein halbes mit schwarzer. Die Pflanzentriebe machst du aus Zahnstochern: Male sie grün an und stecke sie in die schwarze „Erde".

Schildkröte

Diese riesige Schildkröte wird aus einer Eierpalette gemacht. Schneide den Karton so ab, dass ein Schälchen – der Kopf – vorn absteht. Die Beine schneidest du aus den Zwischenräumen des Kartons aus und klebst sie von unten an den Panzer. Male nun das Muster auf den Panzer auf: Ist das eine Wasser- oder Wüstenschildkröte?

Neugieriger Frosch

Das brauchst du:
Deckel mit Klappverschluss * 2 kleinere Flaschendeckel * Trinkhalme * Moosgummi * Wackelaugen * Klebstoff * Schere

1

Für den Frosch brauchst du einen grünen Deckel mit Klappverschluss.

2

Stich in den Deckel von beiden Seiten je ein Loch hinein und weite es, indem du die Schere hin und her drehst.

3

Für die neugierigen Froschaugen klebst du die Wackelaugen auf zwei abgerundete Rechtecke aus Moosgummi.

4

Anschließend werden die Augen am Deckel festgeklebt. Gib den Klebstoff auf die untere Moosgummikante.

5

Schneide die Zunge aus rotem Moosgummi aus, sie ist etwas größer als die Augen. Klemme sie einfach im geschlossenen Deckel ein.

Zum Anbringen der Beine stich Löcher in zwei Flaschendeckel und setze sie mit Trinkhalmen zusammen. Die Trinkhalme musst du vorher etwas kürzen, sodass der Knick ungefähr in der Mitte ist.

6

Mücke zum Frühstück

Der hungrige Frosch hat sich etwas Leckeres zum Frühstück geholt. Die Mücke kannst du aus einer Wäscheklammer und einem aufgeklebten Stück Transparentpapier machen.

Dann ist der Frosch fertig!

Fabeltier

Nimm eine leere Shampoo- oder Duschgelflasche und stich mit einer Schere auf einer Seite viele und auf der anderen Seite vier Löcher hinein. Stecke nun Trinkhalme als Stacheln und Beine ein. Die Augen werden zwischen Flasche und Deckel geklemmt.

Lampe

Stich in einen Flaschendeckel mittig ein Loch und schneide seitlich einen Schlitz für das Stromkabel ein. Führe den Chenilledraht zu einem Drittel in den Trinkhalm, dann durch den Deckel und durch den Schlitz seitlich nach außen. Den Lampenschirm fertigst du mithilfe der Vorlage auf Seite 78 an und steckst ihn auf den gebogenen Teil des Trinkhalms. Die Glühbirne ist aus Moosgummi und wird in den Strohhalm eingesteckt. Eine Vorlage dafür ist auf Seite 79.

Tasse

Wasche einen Deckel von einem Deo Roll-On gut aus. Den Henkel kannst du aus Moosgummi mithilfe der Vorlage auf Seite 79 ausschneiden. Schön sieht die Tasse aus, wenn du versuchst, den Moosgummi in einer passenden Farbe zu finden, und noch ein paar Farbtupfen mit Acrylfarbe aufmalst. Besonders schöne runde und gleichmäßige Punkte erhältst du, wenn du diese mit einem Wattestäbchen auf die Tasse tupfst.

Familienbande

Du brauchst drei verschieden große Flaschen. Schraube die Deckel ab und lege Wollsträhnen auf die Flaschenhälse. Je nachdem, wie lang die Wolle ist, unterscheiden sich die Frisuren. Drehe den Deckel wieder auf und klebe den Figuren die Gesichter an. Oder du knotest die Haare um den Flaschenhals oder klebst einzelne zusätzlich fest. Die Münder kannst du aus Moosgummi oder Papier ausschneiden.

Vorlagen

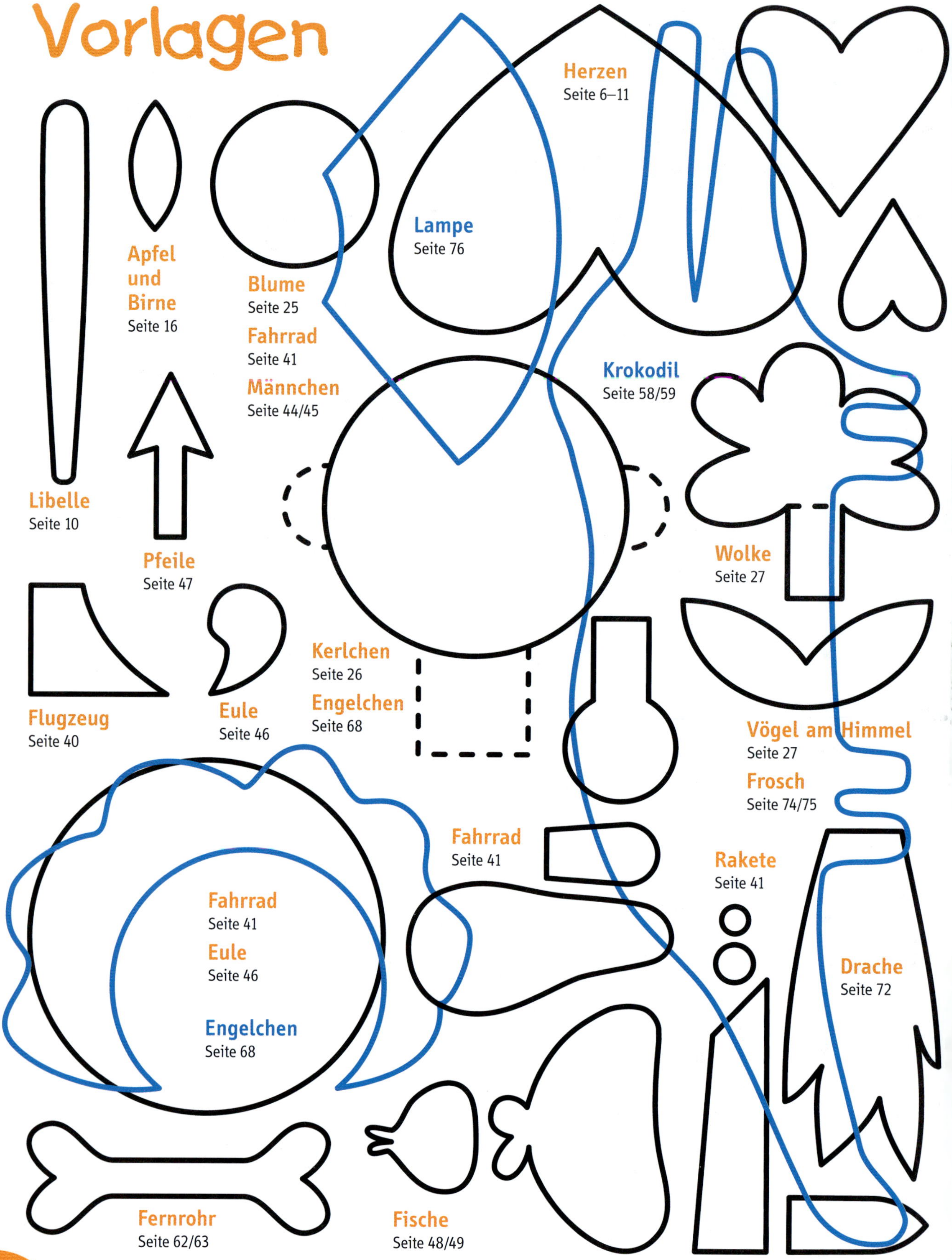
Herzen
Seite 6–11
Lampe
Seite 76
Apfel und Birne
Seite 16
Blume
Seite 25
Fahrrad
Seite 41
Männchen
Seite 44/45
Krokodil
Seite 58/59
Libelle
Seite 10
Pfeile
Seite 47
Wolke
Seite 27
Kerlchen
Seite 26
Engelchen
Seite 68
Flugzeug
Seite 40
Eule
Seite 46
Vögel am Himmel
Seite 27
Frosch
Seite 74/75
Fahrrad
Seite 41
Rakete
Seite 41
Fahrrad
Seite 41
Eule
Seite 46
Engelchen
Seite 68
Drache
Seite 72
Fernrohr
Seite 62/63
Fische
Seite 48/49

Palme
Seite 26
Löwe
Seite 52
Hahn
Seite 54/55
Windmühle
Seite 40
Löwe
Seite 52
Panther
Seite 59
Hase
Seite 59
Schnee-
mann
Seite 71
Strauße
Seite 50/51
Examen
bestanden!
Seite 69
Wolke
Seite 53
Hund
Seite 64/65
Hut
Seite 66/67
Giraffe
Seite 38/39
Frosch
Seite 11
Tasse
Seite 77
Lampe
Seite 76

Ekaterina Nemeshaeva ist 1974 geboren, verheiratet und hat zwei Kinder im Alter von 4 und 6 Jahren. Sie lebt mit ihrer Familie in Novorossiysk in Russland und ist nach einer Ausbildung zur Lehrerin seit 2005 als freie Journalistin tätig. Sie hat bereits zahlreiche Beiträge schwerpunktmäßig zu den Themen kreatives Gestalten mit Kindern, Förderspiele und Entwicklungsphasen von Kleinkindern verfasst.
Ihre Arbeiten wurden unter anderem in bekannten russischen Magazinen für Eltern und Kinder veröffentlicht sowie bei der amerikanischen Zeitschrift „FamilyFun Magazine".

PRODUKTMANAGEMENT UND LEKTORAT: Monique Rahner und Anastasia Volkova

LAYOUT: Petra Theilfarth

FOTOS: frechverlag GmbH, 70499 Stuttgart; Lichtblick, Jochen Frank, Laichingen (Umschlag Titelbild), Ekaterina Nemeshaeva (Inhalt)

DRUCK UND BINDUNG: Korotan d.o.o., Ljubljana, Slowenien

Auflage: 5. 4. 3. 2. 1.
Jahr: 2013 2012 2011 2010 2009 [Letzte Zahlen maßgebend]

ISBN 978-3-7724-5629-9
Best.-Nr. 5629